AF480180

Existir,
para talvez um dia
poder refletir.

Exista para viver —
não sobreviver,
nem obedecer.

Com carinho.

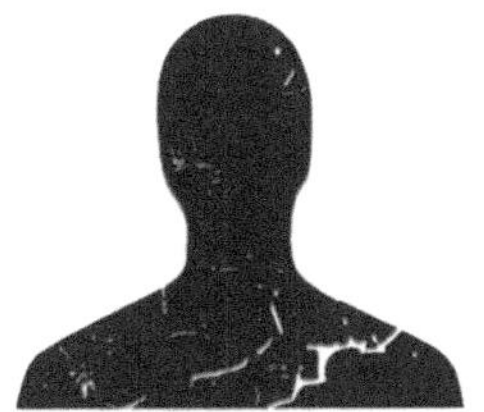

EXISTA

Queime sem fogo

SEM

Abra sem porta

exista sem

FORMA

resista sem norma

EXISTA SEM FORMA

Publicado por: Emiliano Storyhouse
© Emiliano Benevides, 2026

Goiânia — Allschwil
julho de 2025 — fevereiro de 2026

Com exceção de "**Rosas no Corpo**", escrito na adolescência, e "**Jesus, Torturado e Reassassinado**", escrito em 2022 após ver as imagens da tortura de Genivaldo de Jesus pela PRF — mais um Cristo reassassinado.

Edição: brochura
ISBN: 979-8-9941748-2-1

Agradeço ao meu país,
tão rico culturalmente,
e às muitas influências que ali encontrei —
às vezes pela forma física,
outras, pelos livros e álbuns comprados nos sebos da minha vida.
Agradeço também ao meu tio Ademario Benevides
e à minha madrinha Elienai Benevides.
Ambos, de formas distintas,
ajudaram-me a compreender o mundo na minha infância.

reencontro

O

On

Ont

Onte

Ontem e

Ontem eu

Ontem eu l

Ontem eu li

Ontem eu li L

Ontem eu li Le

Ontem eu li Lem

Ontem eu li Lemi

Ontem eu li Lemin

Ontem eu li Lemins

Ontem eu li Leminsk

Ontem eu li Leminski

E foi quase por osmose

EXISTA SEM FORMA

Joguem a porta da chave fora, assim eles não vão entrar

Agora lancem a vela do fogo longe

Eles não vão nos a-pa-gar

A chave fecha sem porta?

A vela queima
sem fogo?

não im-por-ta
Reta Tor-
ta
ab-so-lu-
ta-men-te
des-
con-
tor-
ta.

Queime sem fogo
Abra sem porta
exista sem forma
resista sem norma

Desvele o véu

Calem
o
grito
da
boca
muda,
antes
que
o
eco
desperte
o
mundo

Rasguem
o
véu
do
olho
nu

eles
não
vão
nos
ce-gar

A
boca
fala
sem
voz?

O
olho
vê
sem
luz?

não
há
lei
no
breu

nem
sol
no
céu

mas
há
no
vácuo
um
féu
de
ver
o
que
não
se
re-vela

Fale
sem voz

Veja
sem luz

desvele
o véu

ROMPA
A
CRUZ

O QUE VOCÊ PREFERE
SER?

uma Porta sem
chave Ou
Uma
Chave
sem portA?

O QUE VOCÊ PREFERE
TER?

uma caBeça sem
céRebro
Ou
uM cérebro
sem portAs?

FAÇA A TUA FRASE

Bando,
    banda
       e bunda

Bala,
    bola
       e burla

Branca,
    brinca
       e bruma

Um bando da banda mostrou a bunda.
Uma bala furou a bola depois da burla.
A branca, depois da brinca virou bruma.

FAÇA A TUA FRASE

TRABALHA, JOÃO!

Pássaro canta
Canta, pássaro!
Se não
outros pássaros passarão

Pássaro e João
Valentão
brigão

Preguiçoso João
não gosta de trabalhar
gritam os sabichões

Mas João trabalha
— e de montão

Pássaro da construção
do barro
e da transformação

E depois
outros pássaros viverão
na casa do João

O Elevador e o Não Rapaz

O elevador
não carrega
alma,
não eleva a
calma,
nem o
trabalha —
dor daquela
pele
turva.

Pobres tigres
escravizados,
carregando
lama,
excrementos
e drama.

O elevador e
o
Não rapaz.

DIÁLOGO

            -Enterra e esquece!

    -Mas a dor?

        -A dor permanece,
Estremece e envelhece

Ninguém merece essa dor —
a dor de perder um amor,
ou a vida nas mãos da bandida

Do terror que prende,
que tortura,
 que julga
e mata —
o horror

Maldita!
O horror
Bandida!
O horror
Milícia!
O HORROR.

enterra e esquece

Jesus, Torturado e Reassassinado

Escrito em 2022, após as imagens da tortura e morte de Genivaldo de Jesus, causada por agentes da Polícia Rodoviária Federal — mais um Cristo reassassinado pelo Estado.

Jesus, Torturado e Reassassinado

A vida passa, cada segundo
Bala perdida, fome no mundo

A bala encontra
uma criança,
pele retinta,
sem esperança

Escravizados, ontem e hoje,
hostilizados, amanhã também

Pena de vida,

castrando a sorte,
causando dor,
violência e morte

Maldita bandida,

tirando vidas,

braço de ferro,
pau de arara,
cadeira do dragão,
e tem gás
lacrimogêneo

dentro do camburão

Maldita bandida
atirando na ralé

Sinto cheiro de ferro,
sangue e rato na mulher

AS MULTIFACES DE NOSSA ÉPOCA
Intervenção crítica
Claudio Daniel

Exista sem forma, de Emiliano Benevides, é um livro de poesia experimental que retoma o diálogo com as vanguardas construtivistas do final do século XX e com o pensamento crítico de autores como Umberto Eco, autor de *Obra aberta*, mas com um olhar contemporâneo e com o uso criativo dos recursos da computação gráfica. Conforme escreve o próprio autor, este é "um livro de poemas que tensiona a linguagem como corpo e a página como espaço de conflito", retomando itinerários da viagem poética de Mallarmé realizada em *Um Lance de Dados*.

O uso da página em branco, porém, não é apenas o espaço estático, silêncio de partitura, em que se apresentam as acrobacias de diferentes fontes e corpos de letras e segmentos de palavras fracionadas, com o uso da geometria na espacialização das linhas; esse é também um espaço de conflito, pois, nas palavras do autor, "a escrita atravessa temas como violência estrutural, fé, memória e existência, perguntando o que permanece quando a forma falha, mas o corpo insiste em existir". Temos aqui, portanto, uma construção conceitual, próxima à logopeia, definida por Ezra Pound como a "dança do intelecto entre as palavras".

Claro que a proposta do livro, centrada no rigoroso trabalho formal de cada poema, parece entrar em contradição com o próprio título do volume, a menos que consideremos aqui a palavra forma como molde, modelo, fôrma — como se escrevia antes da reforma ortográfica que eliminou os acentos diferenciais. Nesse sentido, não há contradição, e sim um ideal libertário ("Queime sem fogo / abra sem porta / exista sem forma / resista sem norma").

O poema que dá título ao volume, com as linhas iniciais dispostas em círculo, graças aos recursos do computador, retoma e desenvolve esse aparente "anarquismo", aliás tão necessário numa época e sociedade tão conformistas. Diferente da Poesia Concreta e mais próximo a Apollinaire, no entanto, Emiliano Benevides mantém nessa composição a sintaxe e o discurso, incorporados à geometria poética, mesmo com a fragmentação semântica.

Desvele o véu, outra composição interessante, é construída com o máximo de concisão e o alinhamento centralizado do texto recorda o *Bestiário para fagote e esôfago*, de Augusto de Campos, ainda que com outro sentido. Interessantes, nesta composição, os paradoxos barrocos: "Calem o grito da boca muda", "A boca fala sem voz?", "Não há lei no breu nem sol no céu", "Veja sem luz", que novamente remetem à logopeia de Pound.

Nas três peças seguintes, O que você prefere ser?, O que você prefere ter? e Faça a tua frase, o poeta propõe ao leitor jogos interativos, a partir das possibilidades combinatórias oferecidas pelos textos — o que nos faz lembrar o labirinto de palavras da poesia visual barroca portuguesa, estudada por Ana Hatherly em *A experiência do prodígio*, uma das possíveis fontes da poética emiliniana.

A temática social está presente no livro, com enfoque crítico, e um dos resultados mais interessantes é a peça *O elevador e o não rapaz*, de título já engenhoso. Dividido em duas colunas verticais paralelas, o poema incorpora à dimensão visual a sonora, em que as rimas, longe de serem floreios decorativos, ajudam a construir o sentido da composição. Na segunda coluna do poema, o recurso usado é a metáfora de sabor expressionista: "Pobres tigres escravizados, carregando lama, excrementos e drama".

A temática social é retomada e desenvolvida em *Diálogo*, talvez o poema em que fica mais nítido o conflito entre visualidade e sintaxe linear. Interessante aqui, sobretudo, a frase "Jesus torturado e reassassinado", em que as palavras são dispostas em cruz — peça atualíssima numa época em que a religiosidade é manipulada por seitas com propósitos políticos.

Em *A ema e o meu vizinho*, Emiliano Benevides apresenta outra faceta de sua poética, o humor, elaborado com recursos de rimas, ritmo e fragmentação semântica, à maneira do poeta alemão Christian Morgenstern. O mesmo humor está presente em Silicone e Romaria, em que novamente a espacialização e os jogos verbais, sobretudo as rimas, constroem o sentido e o efeito irônico da composição.

A peça final do volume, Hoje, é talvez a mais instigante — uma única palavra repetida diversas vezes, com alterações de fonte, corpo e cor, do visível ao invisível, representando a multiplicidade contraditória que define talvez o nosso tempo. Emiliano Benevides, enfim, é um poeta-músico habilidoso com saudades do futuro, capaz de obter, com o mínimo — ou com o máximo — de recursos, as traduções poéticas possíveis das multifaces de nossa época.

Criança correndo de pé no chão
Criança chorando — dor, destruição

Tem Deus, tem Diabo
só não tem mais sol

Tem chopp gelado
com fel e Gelol
—
Tem pus
tem gordura
arroz e feijão

Tem rato assado
com macarrão
—
São rosas no corpo
uma bomba na mão

Chuva queimando —
e não é de verão
—
O burro, o jegue
não esquece a mula

Tem drops de pinga
na DOPS: tortura
—
Tem meia e sapato
mas vive na rua

É fogo perdido
é bala na nuca

É black
é blackout,
morte nua e crua
tem caco de vidro
tem corpos na rua

Adeus, porque
Deus já morreu

Morte pelas próprias
mortes,
Morte pelas próprias...

foi um suicídio

Toc Toc

Toc

Toc

Toc

Um sinistro som agudo
Corta a cacofônica madrugada

Toc   Toc

E o medo pueril
Das
Con-
ciên
cias
amargas

A EMA E O MEU VIZINHO

O poema não
pôs a ema
Nem a ema tentou
se impor

O problema foi a
postura do meu
vizinho,

que

de

tan

to

vin

ho

com a ema se casou

A PIMENTA

A pimenta esquenta

a cachaça avança

e a rapadura é dura

carne sem sol

Conselheiro sem anzol

carne serenada

em uma terra triste
e tão amada

a b a n d o n a d a

dura e doce como a rapadura

às vezes amarga, como a marvada

E A PIMENTA?

é o sol que esquenta e dá sabor

É a minha venerada

Silicone e Romaria

Clone
Provolone
Silicone

Euforia
Gritaria

HINO

PNEU

ROMARIA

até
quando?

esta loucura

Insana
putaria

Teatreando
antigos mamíferos da Grécia

Sons
que chegam
por trás das máscaras,

e que viajam no meu corpo
e ecoam em plena praça

Vidraça

Arregaça
a
graça

Personas

Malvadas, famintas e ingratas,
à espera de um tudo ou de quase nada

Esperei, juro que esperei
um Godot que nunca veio

Entre cordas maltraçadas
E me coube
a
tristeza — junto a farsa
e as traças

Teatro e ando,
teatro e fujo,
teatro e bebo

Teatreando

v
á
c
u
o

      O lixo
     não lixa
     as unhas
     do lixeiro

     O bombo
    não bomba
   o coração do
    bombeiro

       e

       a

     vaca?

      D
      e
      i
      x
      o
      u

     um

      vácuo
        na
          cabeça
            do
              vaqueiro

h
ho
hoj
hoje

h
ho
hoj
hoje

h
ho
hoj
hoje

h
ho
hoj
hoje

h
ho
hoj
hoje

h
ho
hoj
hoje

hoje
eu
escrevo

hoje
eu
escrevo

hoje
eu
escrevo

hoje
eu
escrevo

hoje
eu
escrevo

hoje
eu
escrevo

e você?

Esta página não existe.

Por favor,
siga adiante.

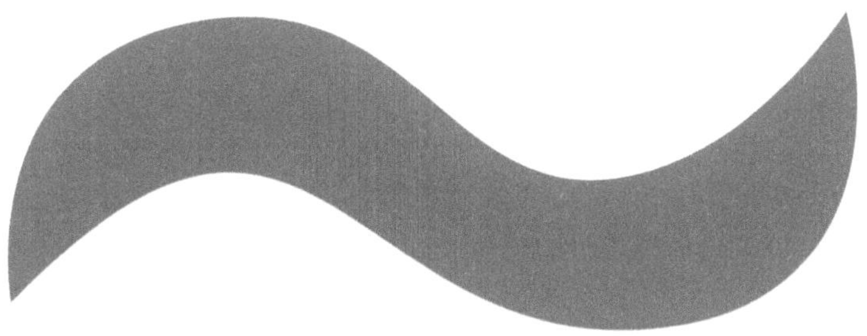

reassassinar

A

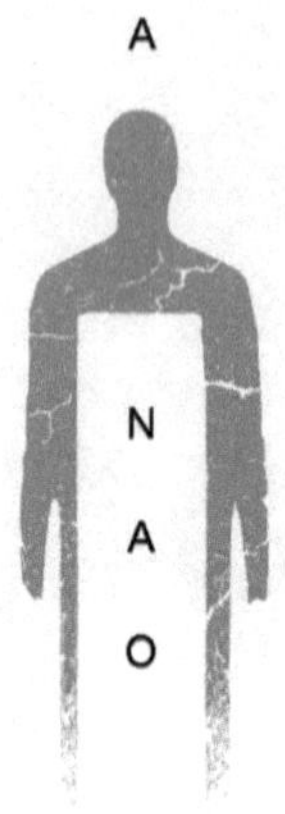

soluçao

você não tem
permissão
para existir

mas
leu
este livro

de que forma
você viu?

de qual fôrma
você saiu?

termina e
livra

termina o livro

<pre>
        a   a
            g   r
              o

                              é

                                    l

                                      i

                                        v

                                          r

                                            e
</pre>

feche
a porta
e o livro

espere

o espelho
está

te   te   te
olhando   enxergando   estudando

refletindo
a sua forma
a sua fôrma

jogue
o espelho
fora

e vá dormir

refletindo